Marcilene Pinto de Moura Santos

O MELHOR DE MIM

Copyright© 2023 by Literare Books International
Todos os direitos desta edição são reservados à Literare Books International.

Presidente:
Mauricio Sita

Vice-presidente:
Alessandra Ksenhuck

Chief Product Officer:
Julyana Rosa

Diretora de projetos:
Gleide Santos

Capa, diagramação e projeto gráfico:
Gabriel Uchima

Revisão:
Rodrigo Rainho

Chief Sales Officer:
Claudia Pires

Impressão:
Gráfica Paym

Dados Internacionais de Catalogação na Publicação (CIP)
(eDOC BRASIL, Belo Horizonte/MG)

S237m Santos, Marcilene Pinto de Moura.
O melhor de mim / Marcilene Pinto de Moura Santos. – São Paulo, SP: Literare Books International, 2023.
14 x 21 cm

ISBN 978-65-5922-540-8

1. Autobiografia. 2. Autorrealização. 3. Superação. I. Título.
CDD 158.1

Elaborado por Maurício Amormino Júnior – CRB6/2422

Literare Books International.
Alameda dos Guatás, 102 – Saúde– São Paulo, SP.
CEP 04053-040
Fone: +55 (0**11) 2659-0968
site: www.literarebooks.com.br
e-mail: literare@literarebooks.com.br

O MELHOR DE MIM

AGRADECIMENTOS

Quero agradecer ao meu esposo José Carlos, aos meus filhos Matheus e Marcos, a toda minha família, por ter tornado meus dias mais leves durante todo o percurso da minha trajetória, aos meus amigos e colegas de trabalho, por terem contribuído, direta ou indiretamente, para a edição desta obra, e em especial quero agradecer a Deus que, por sua infinita bondade e misericórdia, colocou-os em meu caminho e pude apoiar em cada um nos momentos mais difíceis.

Gratidão me define.

SUMÁRIO

INFÂNCIA 9

A MUDANÇA 15

MADRUGADA 21

BANANEIRA 27

PRIMEIRO EMPREGO 33

VESTIBULAR/FACULDADE 39

CAMINHO DA FACULDADE 45

FORMAÇÃO ACADÊMICA 51

FILHOS: HERANÇA DO SENHOR I 57

FILHOS: HERANÇA DO SENHOR II 65

CARREIRA 71

PANDEMIA 79

CONQUISTA 85

INFÂNCIA

Sou filha de uma família numerosa, de pais muito amáveis, Geraldo Francisco Pinto (*in memorian*) e Maria Francisca de Moura. Meus pais, lavradores, vivendo no meio rural, precisaram migrar para o meio urbano, São Geraldo da Piedade, tendo como Santo padroeiro São Geraldo Magela, por acreditarem no poder da educação, para levar aos nove filhos o conhecimento tão desejado.

Eles viveram momentos de muitas provações, educando seus filhos na fé católica. Nessa comunidade cristã, vivi o primeiro sacramento do batismo, posteriormente a primeira eucaristia, a crisma e o matrimônio.

Recordo-me do cuidado e do zelo de minha mãe Maria Moura em nos levar à Santa Missa e exigir uma postura séria, não permitindo brincadeiras e deslizes. Meus sinceros agradecimentos aos meus pais e catequistas por terem incutido em mim os valores cristãos. Também me lembro com carinho da saudosa Tia Bilica.

Eu e meus irmãos frequentamos a E.E. Sebastião Gualberto, da pequena São Geraldo da Piedade, Terra da Banana, onde mais tarde foi instituído o Festival da Banana, devido à grande produção, uma das rendas da região.

A educação oferecida foi de excelente qualidade, desenvolvendo em mim a crença de que é necessário acreditar nos sonhos, ter foco e não perder a direção. Quando era dia de Plantão Pedagógico, existia a famosa caderneta, que trazia registrada a nota, o rendimento escolar. Minha mãe aguardava de PLANTÃO; ai de quem aparecesse com rendimento baixo. Era inadmissível. Precisava se explicar muito bem e ainda levava aquela correção (Rsrsrsrsrs). Modéstia à parte, não passei por essa correção de três dedos. Eterna gratidão aos meus professores.

Um dos meus irmãos, que nunca levou desaforo para casa, passava muito aperto com as advertências. Certo dia, a diretora da escola disse a ele que deveria andar na linha. Ele, muito sarcástico, disse que se andasse na linha o trem pegava. Mas é mineiro mesmo "Uai".

Além dos filhos que não eram poucos, meus pais acolhiam primos para que também pudessem ter a oportunidade dos estudos.

Os afazeres domésticos eram muitos, mas minha mãe ainda encontrava tempo para a costura; ela mesma era a nossa estilista. E como nós amávamos quando ela chegava do centro urbano (Governador Valadares) com as fazendas e nos dava a oportunidade de optar por qual seria a nossa. Nossos olhinhos brilhavam.

Para garantir o nosso sustento, meu pai continuava os trabalhos no campo, de vaqueiro. Eu amava quando meu pai chegava. Certo dia, assentada na escada da cozinha a gente conversava e, eu, distraída, disse à minha mãe:

— Que cheirinho do meu pai! Huuum...

Para minha alegria, quando levantei a cabeça e me virei, quem estava atrás de mim?

— Meu pai!

Eu fiquei radiante e pulei nos braços dele. O cheiro da lida na roça e a pele corada pelo sol traziam afago para o meu coração. E meu pai passava o dia conosco. Queria repousar no ombro corado pelo sol e adormecer sentindo o cheiro dele.

"Oh! que saudades que tenho
Da aurora da minha vida,
Da minha infância querida
Que os anos não trazem mais!"
Casimiro de Abreu

A MUDANÇA

Durante todo o período que minha mãe ficou com a gente no centro urbano de São Geraldo da Piedade com o objetivo de nos favorecer condições aos estudos, o que nos motivava era a oportunidade de poder retornar ao lugar que nos trazia o sustento e muita paz. Sempre que possível, papai nos conduzia para o campo para passar os finais de semana. A fazenda do nosso avô João Moura (*in memorian*) era incrível. O pomar com inúmeras árvores frutíferas, o riacho que desaguava nas terras era cristalino, podíamos brincar e nos banharmos na enorme fonte que caía bem próximo à porta da cozinha. O mugido das vacas ao amanhecer nos despertava para um dia cheio de aventura. O cantar dos pássaros trazia a sintonia com o verde, a paisagem deslumbrante com plantações de bambu, que era cerca viva, delimitava um lindo horizonte. Podíamos sentir a paz reinando naquele lugar.

Após a ordenha das vacas, era esperado o momento do preparo do queijo. O espaço era higienizado e podíamos saborear a deliciosa massa salgadinha que se transformava no queijo fresquinho degustado com aquele cafezinho feito de melado de cana-de-açúcar, produzido ali mesmo. O engenho soava uma cantiga ao movimento dos cavalos. Aquele chalé, onde a roda do engenho tocava à força dos cavalos, tendo ali uma enorme fornalha que aquecia a garapa, o suco da cana-de-açúcar se transformava no delicioso melado ou rapadura. A hora da puxa-puxa era esperada por todos, cantada em coro:

— OLHA A PUXA! OLHA A PUXA! OLHA A PUXA!

Tudo muito doce.

Em uma de nossas aventuras, aconteceu um fato que hoje é recordado como comédia. A mudança foi feita em um burro de carga com balaios. O que ele levava? Crianças e colchões. Era um dia de muita neblina, escorregava demais. Ao passar em uma ponte, no Córrego dos Alfredos, baixa alagada pela neblina, o Brasão, burro que muito nos atendeu, se desequilibrou e os colchões foram para dentro do córrego. Como se não bastasse estarem molhados pela chuva, ficaram encharcados pela água barrenta do pequeno ribeirão que cortava aquela estrada. Confesso que o susto foi grande. Ninguém se machucou. Ainda tínhamos muito que andar para chegar ao nosso destino. O fato virou comédia na estrada, ríamos muito do ocorrido.

Ao chegar em casa, foi necessário improvisar uma maneira de passar a noite. Os colchões estavam encharcados.

MADRUGADA

Mesmo com a mudança de meus pais para o meio rural, eu e meus irmãos precisamos permanecer em São Geraldo da Piedade. Ainda não havíamos concluído o Ensino Fundamental.

Foi um tempo muito difícil. Meus pais trabalharam duro para nos manter. Meu pai na lida dura da roça, minha mãe cuidava da casa, auxiliando meu pai. Fazia algumas costuras; costurava como ninguém.

Aos finais de semana, retornávamos para casa. Meu pai, às vezes nos acompanhava no retorno. Sempre ocorria um fato, que hoje me lembro, sendo comédia. Andávamos um trajeto de 16 km. Meu pai sempre ia a cavalo e nós, a pé. Não havia montaria para todos. Meu pai auxiliava com as bagagens. Certo dia, levei uma derrapada e cheirei poeira. Meu pai levou o maior susto. Ficou tão assustado, receava que eu tivesse passado mal. Levantei-me, bati a poeira, olhei para um lado e outro, seguimos viagem debaixo de um sol escaldante. Já estava próximo.

Toda madrugada de sábado era chegada a hora de juntar a bagagem, que não era muita, e seguir viagem. Meu tio Geraldo Moura sempre saía também nesse horário para trabalhar, e nós aproveitávamos a companhia dele. Muitas vezes, errávamos a hora e saíamos muito cedo. O lado bom de tudo isso era que chegávamos bem cedo, encontrávamos aquele cafezinho, podendo aproveitar bastante o tempo. A claridade da lua cheia nas madrugadas às vezes nos confundia. Nesse trajeto, sempre tinham bois nas estradas e passávamos alguns apuros, como amontoar em cima das vacas. Ai, meu Deus, que pavor! E Deus sempre nos sustentando e guiando.

Retornando para São Geraldo da Piedade, em uma manhã de segunda-feira, eu e meus irmãos (Umberto e Elizângela) caminhávamos sem coragem, desencorajados para enfrentar mais uma semana. Levando junto as recomendações que papai e mamãe sempre nos faziam. Dessa vez, carregando nas mãos uma sacola com um frasco de remédio. Ao chegar no alto, virando a serra, havia bois deitados embaixo de uma árvore. O nosso medo era enorme. E não sei se, por acaso, um boi levantou, não me lembro se naturalmente ou de forma agressiva. Só vimos quando "SPLAFT". O frasco de remédio foi lançado na cabeça do boi.

— Ai, meu Deus! E agora?

— Nosso pai vai nos matar! – disse meu irmão.

— O que vamos fazer?

Não sabíamos se a gente ria ou chorava.

Só sei que o trajeto naquele dia foi o mais longo de todos. Não conseguíamos tirar de nossa cabeça aquela cena. "E como iríamos encontrar uma solução? Como contar para nosso pai?".

Ao chegar a São Geraldo da Piedade, cansados, pensativos, a primeira coisa que fizemos foi procurar a Mercearia do Sr. Ademar Vieira Leite, onde papai comprava mantimentos, para combinar com o proprietário o que faríamos para amenizar o problema. O frasco de remédio era para ser trocado, e dinheiro que é bom não tínhamos.

Decidimos contar toda verdade para nosso pai e aguardar a bronca. Para nossa alegria e consolo, meu pai entendeu o ocorrido. Passado o susto, rimos muito. Que alívio!

Passamos muitas dificuldades que serviram para nosso crescimento.

BANANEIRA

Ao concluir o Ensino Fundamental, retornei para o meio rural. A E.E. Sebastião Gualberto não tinha Ensino Médio, no entanto minha família não autorizou que deslocasse para fora para continuar os estudos.

Logo de cara, em 1988, recebi a proposta de substituir uma professora em licença de gestação, Maria Auxiliadora. Coragem não me faltou. Impulsionada por meus pais, amigos e familiares, lá ia eu para o meu primeiro trabalho. O que eu não sabia é que seria para valer. A pequena E.M. Monsenhor Domingos, situada no Córrego dos Rodrigues, foi meu primeiro campo de experiência. Aprendi muito. Cresci muito. Fui muito bem acolhida na comunidade, fazia parte e frequentava a igreja católica da localidade. Meus alunos se tornaram meus grandes amigos. As famílias que me acolheram (José Otávio e Tia Marieta – *in memorian* –; Tia Rosária – *in memorian* –, Dona Conceição e Dona Nadir) eram muito carinhosas comigo. Quando chegava o dia de ir embora para casa, alguns alunos sempre me acompanhavam até minha casa, transformando-se em uma amizade muito bonita.

Sempre tive muito medo de andar sozinha. Havia uma bananeira enorme que metia muito medo. Era necessário passar por um caminho dentro dela para chegar até a estrada principal. E os causos que o povo contava eram tantos, que não dava para criar coragem para atravessá-lo. A paisagem era linda, mas o medo falava mais alto. Conquistei amizades dessa experiência vivida que trago comigo até os dias atuais.

E por falar em bananeira, tive também a experiência de preparar o terreno e plantar um quintal com bananeira. Era uma das rendas que circulavam na região. Havia pessoas que compravam a banana que era colhida na região por produtores e transportavam para o CEASA em Governador Valadares.

Os quintais de bananeira, na maioria, eram cultivados em terrenos enladeirados, dificultando o acesso ao plantio, limpeza e colheita. E entre um trabalho e outro, também auxiliei meus pais nessa empreitada. Meu pai sempre dizia para não perder a fé. Caso as coisas se apresentassem difíceis, um dia se ajeitariam. Deus sempre no controle de tudo. Deus não abandona quem o busca com fervor. É só acreditar. E fé não faltava, tinha comigo uma medalha do Sagrado Coração de Jesus, que refletia o Imaculado Coração de Maria. Socorro bem presente na hora de angústia. Quero registrar aqui as quermesses que havia na fazenda do meu avô. Em honra ao poderoso Santo Antônio. Todo ano, no mês de junho, era celebrada a maior festa, com muita oração, bandeirolas as mais lindas e muito doce de batata-doce.

PRIMEIRO EMPREGO

Quando finalizou o período de licença da professora Maria Auxiliadora, tive a oportunidade de ter a primeira turma, meu primeiro trabalho, oficial. Meu pai havia solicitado uma vaga de emprego, a qual foi atendida pela administração municipal daquela época na pessoa de Márcio de Almeida Passos. Agora sim pude ir para perto de minha casa. Consegui uma vaga na Escola Municipal Antônio Dias, em Capoeirão. Lá convivi também com muitas pessoas que me ajudaram em meu crescimento pessoal e profissional.

As relações de trabalho, lazer e cultura eram muito harmoniosas. Convivi com meus alunos de forma tão agradável, que se tornaram amizades que carrego comigo até os dias atuais. E entre um bate-papo e outro, vínculos fortalecidos, recebi convite para ser madrinha deles.

A frequência religiosa na pequena Capela do Divino Espírito Santo me fortalecia para os desafios do dia a dia. Como em Neemias 8:10, "a alegria do Senhor é a nossa força".

O trajeto que fazia todos os dias de minha casa até o trabalho era de mais ou menos 5 quilômetros, que percorria com muita alegria. Saía de casa bem cedo, e pelas estradas que passava ia chamando os alunos, que eram minha companhia diária pelos caminhos desertos. A caminhada era feita com alegria, brincadeiras e causos que a gente contava para nos divertirmos, aliviando ou até amenizando o cansaço. Entre casos, risos e brincadeiras, havia também os momentos de degustação de saborosas canas-de-açúcar. Ao mesmo tempo que alimentava e distraía, nem notávamos o cansaço da caminhada. Logo após vinha a sede, que também pela beira do caminho era saciada com águas cristalinas das fontes.

Nesse período, Mônica e Raimundo Botelho foram minhas companhias diárias, com lamentos e alegrias. Gratidão pela vida de vocês.

Trabalhei e conquistei muitas amizades. Ainda não havia conseguido minha graduação, até que surgiu a oportunidade de concluir o Magistério pelo Projeto Chama, da 13ª SRE de Governador Valadares, para educadores leigos. Sabendo que as resoluções já prescreviam um tempo para formação, garantido na LDB (Lei de Diretrizes e Base da Educação), agarrei a oportunidade, passei muitas dificuldades, mas tinha um ideal: garantir minha formação profissional onde atuava.

VESTIBULAR/ FACULDADE

Em 1995, ao finalizar o meu curso PROJETO CHAMA, fui incentivada pela saudosa professora Celeste, que carrego a imagem de afeto e pessoa humana até os dias atuais, a continuar os estudos. Sônia caminhava comigo, sempre me incentivando.

Ao finalizar o curso, tive a graça de ser aprovada em concurso público da Rede Municipal de Governador Valadares para professora de anos iniciais, o qual estou finalizando em minha carreira profissional. A faculdade foi consequência de meu esforço. Obtive uma excelente classificação, conseguindo uma vaga de trabalho em Melquíades, na E.M. Monteiro Lobato, na qual conheci muita gente boa, importantíssima na minha caminhada. A família de Sr. Luís Marinho me acolheu com muito carinho, oferecendo pousada e alimentação. Meus irmãos

Maria Consolação (*in memoriam*), Raul e sua família, Ronaldo, José Hélio, Célia, Vander, Umberto e Elizângela foram bênção em minha vida. Vander me carregava para baixo e para cima, sempre me incentivando a continuar a caminhada; Ronaldo e Umberto me ajudaram a adquirir minha primeira moto Titan. Mesmo sem habilitação, necessária se fazia para me locomover, tanto para o trabalho quanto para facilitar as idas à faculdade.

Não posso deixar de frisar aqui que, antes mesmo de adquirir a moto, foi Marisângela o meu socorro presente nas estradas, em especial no fim de semana para ir para Caratinga. Ai, meu Deus, era muita correria, por isso sempre nos apoiávamos umas nas outras. Trabalhávamos a semana toda; fim de semana partia rumo a Caratinga para os estudos. Por algumas vezes, era necessário comparecer às terças-feiras em Caratinga para trabalho ou avaliação. A semana ficava muito cansativa. Célia e eu montamos nossa casa, não pagávamos aluguel, Elizângela cedeu a casa dela para a gente morar, coladinha na casa de Raul e Regina, que foram nosso alicerce nesse período.

Após um período de muito foco nos estudos, enfrentei o vestibular. Quero registrar aqui o incentivo e a motivação por parte da colega Sônia e da professora Celeste. Consegui ser aprovada para o curso de Pedagogia em Caratinga. Como enfrentei o período de estudos? Ainda é uma incógnita.

Fui aprovada, consegui boa classificação, encontrei pessoas que me auxiliaram muito em minha caminhada. Novamente, vou citar Sônia, que contribuiu muito para minha formação em todos os aspectos. Onde morava encontrei Marisângela, Ariádne, Irenildes, Márcia, Ana Helena, Elisângela que eram companheiras de estrada; muitas vezes, até nas caronas estávamos juntas. Ariádne e Marisângela caminharam muito ao meu lado, dividíamos transporte, pensão, lanches, angústias e frustrações. Somos grandes amigas até hoje. Não estudávamos na mesma sala, mas a parceria era forte. Vou afirmar que não foi um período fácil, mas de muita conquista e aprendizado. Maria Geralda foi parceira de sala que mais me identifiquei, parceria forte. Digamos que foram os quatro anos que determinaram minha vida. Finalizei ali, após quatro anos de faculdade, realizada profissional e emocionalmente.

Tive a oportunidade de trabalhar com Educação de Jovens e Adultos e com o curso de Magistério na Escola Estadual Sebastião Gualberto, autorizada a lecionar, tive uma experiência maravilhosa com uma turma de alunos com muita sede de aprender e com a qual aprendi muito. As aulas eram uma alegria. Tive que estudar muito para dar o meu melhor. Minha cunhada Maria Regina e minha Irmã Célia faziam parte dessa turma, não vou citar todos aqui. Fui uma pessoa ousada em concorrer à escolha de diretora daquela instituição, desbravei horizontes buscando reconhecimento de meu trabalho. Quanta coragem! Não fui eleita, mas a bagagem que carreguei comigo me fez uma excelente profissional, querendo sempre o melhor para os meus alunos e dando o melhor de mim.

Nesse percurso, conheci o amor da minha vida: José Carlos, que me presenteou com os dois filhos maravilhosos: Marcos e Matheus.

CAMINHO DA FACULDADE

Entre idas e vindas à Faculdade, no ano de 1996, conheci José Carlos, Zequinha. Ele morava em Conceição de Tronqueiras; eu, em São Geraldo da Piedade. Passávamos por situações parecidas a caminho da faculdade. Transporte e caronas. Eu cursando Pedagogia e ele, Geografia. Nossos olhares se cruzavam pelos corredores, no transporte, em repúblicas. Hospedava-me na república próxima a dele. Todos comprometidos com os estudos, mesmo depois de uma semana exaustiva.

Certo dia, viajando no mesmo transporte que ele, eu lia o livro *Uma professora muito Maluquinha*. Entre casos e risos, ele quis também ler o livro. Seria uma desculpa para se aproximar? Nem imaginava. Tudo aconteceu de forma muito espontânea. Mas os convites surgiram para uma visita à minha cidade. Ele era fanático em futebol. Participava das atividades da igreja, já havia participado de retiro e peças teatrais com os jovens da comunidade. Tinha uma vida religiosa ativa. Pessoa muito centrada. Apareceu inesperadamente em São Geraldo, pouca conversa, nos vimos de forma rápida. O cupido providenciou de nos aproximar, tudo no seu tempo.

Nos corredores da escola eram mãos dadas, olhares trocados, correria de atividades escolares, carinhos e afetos no caminho de volta para casa. Agora era necessário a visita aos meus pais para o tão esperado pedido de namoro.

Pegou o Escort de seu amigo Valter, levou os pais dele consigo rumo ao Capoeirão, a 16 km de São Geraldo da Piedade. Foi um passeio excelente. Aquele franguinho caipira de minha mãe não podia faltar. Pedido de namoro consentido.

Meu pai e ele se tornaram grandes amigos. Meu pai, de pouca conversa, ele também. Sempre que a gente podia, passava o fim de semana com eles. Nas horas vagas, aquela pescaria nos córregos próximos virava comédia. Ríamos muito. Raimundo Botelho se divertia conosco nessas pescarias. Também frequentávamos, com meus pais, a igreja local e as festas religiosas. No Jeep da família, meu pai dirigia como ninguém.

O período de namoro foi de muita cumplicidade, dividíamos nossas alegrias e frustrações do dia a dia, sendo um o ombro amigo do outro, nos apoiando sempre. Tendo Deus e nossa família como nosso refúgio, nosso porto seguro.

FORMAÇÃO ACADÊMICA

Em 1999, concluímos a formação acadêmica. E não podia faltar a presença de nossos pais nesse momento de tanta bênção. Gratidão a Deus e a eles que sempre nos apoiaram nos momentos de desânimo e fracasso, não permitindo que abríssemos mãos de nossos ideais. Meus pais e dona Dusanjos marcaram presença nesse momento ímpar em nossas vidas, Colação de Grau.

Quanta história! Quanta memória! Chegada a hora de concretizar nosso sonho matrimonial. Agora era hora de pensar na gente, em constituir a nossa família. Ficamos noivos na casa de meus pais, em Córrego dos Bernardos. Por "N" motivos, nossa família havia deixado sua moradia em Capoeirão e assumido a Fazenda de Ronaldo Moura. E sempre aos finais de semana, tínhamos a oportunidade de desfrutarmos dos prazeres desse lugar arborizado e lindo, com muita fruta e animais.

Marcamos o nosso casamento para 14 de outubro de 2000. Hora de planejar cada detalhe com muito amor. Acertamos os primeiros detalhes, pensando padrinhos para testemunhar essa união, modelos de vestido, decoração, tudo em suaves prestações. A recepção? Essa ficou por conta de meus pais. Minha mãe e minhas tias Salva e Nair cozinhavam como ninguém. Muitos amigos colaboraram para esse grande dia.

José Carlos deu início à Pós-graduação imediatamente, em Caratinga, e começamos os planos para o nosso enlace matrimonial, pensando em cada detalhe. Fizemos manutenção na casa onde iríamos morar, cedida por Elizângela. A casa já estava equipada com a mobília necessária, pertencia à Aparecida e ao José Hélio, meu irmão. Ambos nos EUA. Pensamos o enxoval na medida do possível, dentro do nosso orçamento. Afinal de contas, após despesas de faculdade, encarar uma cerimônia matrimonial, os recursos financeiros eram realmente reduzidos.

Foram pensados os convites e a entrega deles. A decoração, a coisa mais linda. O vestido da noiva, um mimo. Tudo pensado e planejado com muito amor. Hora de pensar nas testemunhas desse momento único na nossa vida: Marisângela e Umberto; Vander e Aparecida; Célia e Miltinho; José Leite (*in memorian*) e Fatinha; Djalma e Nenzica; Sílvio e Aparecida; Enilson e Elizabete; Edmar e Maria, o qual aconteceu em 14/10/2000. O estúdio fotográfico me levou para as mais belas fotos no areal e na Ilha dos Araújos, em Governador Valadares. A filmagem ficou excelente.

Os músicos Maria Regina e Antônio cantaram como ninguém. Um grupo de alunos da E.E. Sebastião Gualberto pensou uma bela apresentação para nos homenagear. O enlace matrimonial foi celebrado pelo Sacerdote Padre Matozinhos, na igreja Matriz de São Geraldo da Piedade, do qual recebemos uma grande bênção com a comunhão em duas espécies, corpo e sangue de Cristo, para nos fortalecer por toda nossa vida.

A recepção aconteceu na Escola Municipal Monsenhor Francisco, com aquela decoração para ninguém botar defeito. Senti a alegria e a surpresa também por parte de José Carlos. Quanta beleza!

Havíamos pensado em cada detalhe. As cortinas cobriam as paredes daquele espaço, trazendo beleza e leveza ao ambiente. A mesa do bolo e doces Zizi Rezende ficou perfeita, caprichada na decoração ao toque de jarros enormes com maçãs e rosas delicadas. O jantar pensado e feito com muito carinho por minha mãe, tias, comadres e amigas. Jantar maravilhoso. Aquele tutu! Nós, os nubentes, cumprimentamos todos os convidados de mesa a mesa. Radiantes de beleza e alegria, me lembro até hoje do *look* após o casamento.

No outro dia, partimos rumo à nossa lua de mel em Porto Seguro. O mar e o sol bronzearam a nossa pele, trazendo felicidade e a certeza de que éramos um. Que tudo! De volta para casa, firmamos a mente no trabalho e no compromisso de nossa união matrimonial. Iniciei uma pós-graduação no Rio de Janeiro, em Psicopedagogia. Passaporte para minha vida funcional, progressão na carreira.

FILHOS: HERANÇA DO SENHOR I

No ano de 2002, nasceu o nosso primogênito, Matheus Carlos. Quando Matheus nasceu, morávamos em São Geraldo da Piedade. Devido às estradas difíceis e à distância até Governador Valadares, Dona Dica e Orozilda pediram que Zequinha me levasse para casa delas para esperar a hora do nascimento do bebê. Na casa delas, precisei ir ao médico por duas vezes conferir se era chegada a hora. Como não sentia contrações nem as dores do parto, foi necessário agendar a cesariana para o dia 13/03/2002. Nosso filho nasceu na Maternidade Santa Terezinha, forte e saudável. O que falar de você, bebê lindo! Ganhei 20 quilos em sua gestação. Recebemos muitas visitas, flores também do pai/marido José Carlos.

Lembro-me da preocupação dele com meu estado de saúde. Matheus nasceu um dia após

Luíza, da Silvana e do Sebastião, a qual ganhei para afilhada. Os bebês eram até confundidos no quarto de hospital. Voltar para casa trazendo aquele bebê foi uma alegria enorme, mais sentido para nossa vida.

Era mimado por minhas amigas e familiares. Vez ou outra alguém vinha capturar para um passeio, que ele amava. Madrinha Zica sempre prestativa, Madrinha Célia cuidou do cordão umbilical. Amamentar foi o maior presente. Curti muito estar de licença com aquele bebezinho nos braços. Quando estava finalizando minha licença de gestação, invoquei o Divino Espírito Santo que me iluminasse, me concedendo uma pessoa abençoada para cuidar dele na minha ausência. E foi como uma luz, recebi a direção espiritual de procurar Maria José Botelho, que aceitou com muita alegria. Não tinha experiência em cuidar de bebê, mas estava cheia de boa vontade de ajudar. E foi assim que deu certo. Cuidava dele com muito amor, muito dedicada, encontrava tempo para cuidar também da casa. E ainda estudava. Concluiu o Ensino Médio. Foi madrinha de confirmação do batismo.

Em agosto, voltei às atividades. Como foi difícil retomar tudo! Trabalhava na E.M. Alvarenga, em Limoeiro, Amentina foi uma mãe para mim. Estrada muito difícil em período de chuva. O medo e a insegurança que eu tinha nas estradas eram enormes. Mesmo assim, havia pilotado até prestes o bebê nascer.

Vencemos o ano de 2002 com muitas expectativas, nova fase em nossa vida. Um desafio enorme. No fim do ano, tivemos uma experiência muito forte, mudamos para Governador Valadares. Muita novidade! Havíamos adquirido um lote no Bairro Santo Agostinho e era chegada a hora de começar a construção. Revestimo-nos de coragem e ousadia. Muito desafio. Pedi mudança de lotação e foi deferida para E.M. Ivo de Tassis. Não foi um ano fácil.

A direção na pessoa de Anália Fagundes, muito séria; encontrei a pedagoga Nilcéia, que foi um anjo em minha vida. As relações de trabalho e com a comunidade foram uma experiência muito diferente de tudo que eu já havia vivido em minha vida. Confesso que a vida no centro urbano não foi nada fácil. Longe de minha família, sentia-me fora do ninho.

Vivemos uma experiência muito difícil, eu e Maria José ficávamos em GV, com Matheus. Ganhamos o primeiro cachorro "PUMA", enorme. Zequinha ia e vinha do trabalho para casa. Alugamos uma casa próximo à construção e pegamos firme. Fizemos uma horta que dava gosto de ver as folhagens. A taioba ficou uma maravilha, pé de acerola e mudas de coco. Um ano foi o bastante de nossa experiência em GV. Conseguimos mudar para nossa casa antes mesmo de terminar. O aluguel não era satisfatório. Frequentávamos a Paróquia Cristo Redentor; Matheus não parava quieto, Maria José me ajudava muito. Aos finais de semana, Zequinha estava conosco e frequentávamos a pracinha para um lanchinho e um sorvete.

No decorrer de tudo isso, surgiu a possibilidade de retornarmos. Zequinha avaliou muito e decidiu ser o melhor para nós. Mais uma vez, pedido de mudança de lotação, "DEFERIDO", para E.M. Pedro Américo. A E.E. Doutor José Paulo Fernandes deu por encerrada as atividades na localidade. Os moradores lutaram para a criação da E.M. Realina Adelina Costa. Altaíde, Doraci e Elizabeth foram os idealizadores dessa missão.

Tarefa dada, tarefa cumprida. Após deferido, hora de correr atrás dos alunos, verificar transporte escolar e rotas, sucesso garantido. Iniciamos funcionando como anexo da E.M. Pedro Américo. Primeira diretora, Elizabeth Carvalho, e pedagoga Maria Luíza, que me ensinou muito. Em 15/05/2004, no governo do Prefeito João Domingos Fassarela e Secretária de Educação Sames Assunção Madureira, foi inaugurada E.M. Realina Adelina Costa, funcionando com Anos Iniciais. Posteriormente, passou a funcionar com Educação Infantil e Anos Finais e atendeu em um curto período a Educação de Jovens e Adultos.

Sendo os diretores que estiveram à frente:

- Sara Rosa de Cerqueira;
- Altaíde Nunes Ferreira;
- Marcilene Pinto de Moura Santos;
- Cacilda Lopes Ribeiro Martins;
- Maria Helena Arruda;
- Herlita Mourão dos Santos;
- Ivânia Maria Maia;
- Petúlia Domingues de Lima Pereira (até os dias atuais).

FILHOS: HERANÇA DO SENHOR II

No ano de 2004, meus pais deixaram a Fazenda São Bernardo e foram morar em Santa Efigênia de Minas. Meu pai passou muito mal no caminho. Crise de labirintite, não pôde mais dirigir. Grávida de mais um bebê, segui com eles na mudança auxiliando na ordem de tudo. O corpo não queria nada. As mudanças que meu corpo sentia com a gestação do meu bebê eram muitas.

No ano de 2005, grávida de mais um menino. Trabalhei com Educação de Jovens e Adultos em Santo Antônio do Porto. No noturno, com dobra de jornada até a chegada do bebê. Curti a gestação de forma muito prazerosa, gravidez tranquila. No mês de maio, nasceu Marcos, no Hospital São Lucas, também parto com cirurgia cesariana, bebê forte e saudável, trazendo ainda mais amor para nossa família. Ao voltar para casa, o irmão aguardava nossa chegada com o nariz ralado. Como canta Kell Smith, "porque o joelho ralado dói bem menos que um coração partido".

Tudo preparado com carinho para nossa chegada. Mamãe cuidou do cordão umbilical. Todos encantados com o tamanho do bebê. Passamos o resguardo com muito mimo e visitas, não poderia faltar aquela sopa de galinha feita por minha mãe. Morávamos na casa do Sr. Bernardino e já estávamos construindo a nossa, no terreno em frente. A família de José Carlos, sempre muito presente, celebrava os aniversários com muita alegria. Maria José, Aparecida, Aldenísia, Fernanda, Lucilene, Leonísia, Maria das Graças e Maria auxiliaram muito nos cuidados com Matheus e Marcos.

Matheus e Marcos frequentaram a creche local, o que nos ajudou muito. O carinho das professoras e auxiliares era sem igual. Matheus era muito alegre e se relacionava bem com os colegas. Marcos não apresentou dificuldade em se adaptar e tinha causos para contar: "da cadeirinha verde", correção que recebiam se aprontassem, e a "arte da rapadura".

Os dois frequentaram os estudos de anos iniciais na Escola Municipal Maria Almeida de Andrade Sá, sempre muito comprometidos. Tendo sido professoras de Matheus: Aparecida Oliveira, Terezinha, Aneide e Ilma; e professoras de Marcos: Vanusa, Aneide, Ana, Ilma e Rosimara. Posteriormente, concluíram o Ensino Fundamental na Escola Estadual Bernardino Nunes da Rocha, onde eu atuava como Especialista de Educação Básica.

CARREIRA

No ano de 2007, comecei a trabalhar na E.E. Bernardino Nunes da Rocha e me efetivei pela Lei 100, como Especialista de Educação Básica, conciliando meu trabalho com a E.M. Realina Adelina Costa. Trabalhei até o ano de 2010; depois, solicitei exoneração do cargo da Lei 100 e fui atuar como professora de 40 horas, apenas no município de Governador Valadares.

No período de 2010/2011, estive à frente da direção da Escola Municipal Realina Adelina Costa, em um período difícil de Implantação da Educação de Tempo Integral. Exercendo um trabalho com a pedagoga Maria Helena Arruda, parceria nos estudos da Educação do Campo. Aprendi muito com ela. Roseli Morais, secretária escolar, foi meu braço direito executando a demanda solicitada. As confraternizações eram marcantes. O ser humano em primeiro lugar. Os desafios foram muitos. Encontrei muitas pessoas que abraçaram a causa comigo. Doraci Eremita era a tesoureira do Caixa Escolar e tinha uma bagagem de conhecimento muito grande.

Em 2011, após uma sobrecarga de trabalho, solicitei exoneração do cargo comissionado. Preparei uma BIG festa de despedida para quem esteve comigo de mãos dadas. Ao ar livre, em nossa casa e ao som da Seresta de João Bocão, assim foi a nossa noite. Gratidão sem fim a Deus, que é o nosso refúgio e nossa fortaleza. A frase que marcou este momento foi: "entender a vontade de Deus nem sempre é fácil, mas crer que Ele está no comando e tem um plano para nossa vida faz a caminhada valer a pena", de autor desconhecido.

Em todos os momentos, meu marido José Carlos esteve comigo, me apoiando e me dando força. Nesse período, surgiu o Concurso Estadual.

Em 2013, após o concurso público estadual, fui aprovada para Especialista de Educação Básica, sendo classificada em 1º lugar, com vaga garantida, fui empossada e nomeada Especialista na Escola Estadual Bernardino Nunes da Rocha. Amo o meu trabalho. As relações são recíprocas e harmoniosas, favorecendo o desenvolvimento das atividades. O carinho dos alunos sempre motivando e encorajando o meu trabalho. Das turmas dos 3º anos que fui madrinha, todo meu carinho e reconhecimento.

Nesse período entreguei toda minha caminhada a Deus, dedicando parte de meu tempo ao trabalho vocacional, me tornando ministra da eucaristia, ficando perto e buscando a força necessária para a caminhada espiritual. O trabalho com o artesanato aliviava a tensão e o estresse diário. A delicadeza em cada detalhe.

Em 2018, por sina do destino, não consegui ajustar minha vida funcional. Com dificuldade de conciliar estado e município, não conseguiram fechar meu horário da E.M. Realina Adelina Costa. Havia sido convidada muitas vezes por Janete para estar com ela na Escola Municipal Antônio de Castro Pinto. Foi, então, que surgiu uma luz no fim do túnel. Procurei Janete que, com muita prontidão, adaptou o horário para que fosse possível ajustar à rede estadual. Sou grata por tudo.

Não podemos dizer que não fazemos determinada coisa. Fui ajustada na turma da Educação Infantil, com Sônia, também professora de 22h30. Percebem como é a ironia do destino? Sônia, que me encaminhou nos tempos de faculdade, tive a oportunidade de vivenciar o trabalho com ela. Aprendi muito. Encontrei na Antônio de Castro colegas de caminhada e conterrâneas que contribuíram muito para minha caminhada.

Conviver com Nayara, monitora, foi marcante em minha vida. Ensinou-me muito, sua alegria, alto astral e amor à vida, nos pequenos detalhes. Foi um período de aprendizado, cumplicidade e trabalho dedicado às crianças de dois e três anos. O amor em cada gesto.

No ano de 2019, tive meu pedido de mudança de lotação deferido. Fiquei lotada nessa instituição até dezembro de 2021. Muito aprendizado.

Ainda em 2019, na escola Estadual Bernardino Nunes da Rocha, fui madrinha da turma do 3º ano do Ensino Médio, com direito à cerimônia de ação de graças, baile e aquela viagem a Porto Seguro, que marcou a trajetória deles. Turma na qual estudava meu filho Matheus. Mais tarde, ele partiu rumo à faculdade de Medicina Veterinária, um sonho concretizado. Gratidão!

PANDEMIA

Em 2020, nosso trabalho foi interrompido pela pandemia de COVID-19. Momento de muita reflexão, medo e angústia. O vírus atingiu muitos amigos e familiares. Felizes os que puderam contar a história, muitos foram acometidos pelo vírus e Deus deu a graça da cura. Muitos tiveram livramento de serem contaminados. Vivemos dias de medo, pânico, insegurança.

As repartições fecharam as portas, dificultando o contato direto. O medo tomou conta de toda a população. A vida ganhou ainda mais sentido. Tempo de agradecer. Afinal, "a vida é um sopro", segundo um pensador.

Foi tempo de trabalhar de casa, *on-line*. Oportunidade de estar em família. Quem sabe oportunidade de corrigir as relações. A vida em família tem ficado comprometida diante de tanta correria do trabalho. Os estudos em casa trouxeram dificuldades, mas foi possível.

Tivemos a oportunidade de focar na reforma do sítio, cuidando com carinho de cada detalhe para melhoria do espaço arejado e arborizado. Trazendo alegria e poesia, tempo dedicado ao lazer, descanso e oração. Construímos a gruta do Sagrado Coração de Jesus. Para decidir quanto à imagem, refleti sobre a nossa padroeira, Imaculada Conceição e Sagrado Coração de Jesus por fazer parte e ser membro do Apostolado de Oração. E lendo as 12 promessas do Sagrado Coração de Jesus me veio a inspiração.

O sacerdote Lucas Aredes carinhosamente abençoou a imagem e a gruta onde foi depositada. Momentos de oração, encontro de reflexão, rosário, santo terço e retiro espiritual foram promovidos com os fiéis da Comunidade Imaculada Conceição, pela paz nas famílias e no mundo.

Em 2021, desdobrei minhas forças nas pastorais, membro ativo do Apostolado de Oração, me tornei coordenadora da comunidade Imaculada

Conceição, com Roseli e Nelito, eleitos em assembleia com a chegada de Padre Reginaldo.

Foi o ano que adquiri um Fiat Mobi Trekking para resolver minhas necessidades de ir e vir para o trabalho.

CONQUISTA

Em 2022, meu pedido de mudança de lotação foi deferido. Retornei para a Escola Municipal Realina Adelina Costa muito bem acolhida pela direção na pessoa de Petúlia e pelo grupo de servidores. Atuei com muito gosto na sala de leitura. Despertei meu interesse em editar e publicar meu livro que expressa "O melhor de Mim". Trabalhando com contação de história a poesia e o faz de conta dos contos de fada, encantaram todo o meu ser.

Diante de minha trajetória, tantas conquistas e ainda mais finalizando minha carreira profissional, meu sonho virou realidade.

2022 foi um ano decisivo em minha vida, profissional e espiritual. Percorri uma caminhada de preparação e me consagrei à Nossa Senhora e ao Glorioso São José, na Comunidade

Imaculada Conceição. Jesus, Maria e José, minha família Vossa é.

Foi o ano também que vivi uma experiência incrível com o Curso Técnico Segurança do Trabalho e a Educação de Jovens e Adultos, na E.E. Bernardino Nunes da Rocha.

Para minha alegria, Vander voltou para o Brasil, depois de 21 anos de vida no exterior. Minha gratidão por estar presente no fim de minha carreira, tendo sido fundamental em minha trajetória.

Eternizo aqui todo meu reconhecimento e gratidão a todos que foram presença constante em minha vida. Aprendi muito com todos com quem convivi e sei que deixei um pouco de mim por onde passei.

O sucesso de minha carreira só foi possível porque fui muito temente a Deus toda minha vida, acreditando sempre que esse dia chegaria. Sinto-me lisonjeada e agradecida por ter tido pessoas tão especiais que conviveram comigo, tornando meus dias mais leves. Como afirma Mateus 11:30, "pois o meu jugo é suave e meu fardo é leve".